STAR WARS REBELS™

Wer sind die Rebellen?

Programmleitung Monika Schlitzer
Redaktionsleitung Martina Glöde
Projektbetreuung Corinna Hartung
Herstellungsleitung Dorothee Whittaker
Herstellungskoordination Katharina Dürmeier
Herstellung Sophie Schiela

Für Lucasfilm
Chefredaktion J.W. Rinzler
Art Director Troy Alders
Hüter des Holocrons Leland Chee
Programmleitung Carol Roeder

Titel der englischen Originalausgabe:
STAR WARS Rebels. Meet the Rebels

Text Sadie Smith
Übersetzung Anna-Selina Sander
Lektorat Susanne Salvisberg
Fachberatung *STAR WARS* Marc Winter

ISBN 978-3-8310-2815-3

Printed and bound in China

FSC www.fsc.org
MIX
Papier aus verantwortungsvollen Quellen
FSC™ C018179

Besuchen Sie uns im Internet
www.dorlingkindersley.de
www.starwars.com

Inhalt

Rebellion auf Lothal

Dies sind die Rebellen.
Sie heißen Sabine,
Ezra, Kanan, Hera, Zeb
und Chopper.

Sie leben auf dem
Planeten Lothal.

Das böse Imperium herrscht
über Lothal.

Die Rebellen kämpfen
gegen das Imperium
und seine Soldaten.

Planet Lothal

Lange Straßen und Tunnel führen von der Hauptstadt aus in andere Orte.

Aus den Fabriken kommt dichter Rauch. Das Atmen fällt schwer.

In der Stadt stehen hohe weiße Häuser. Dort wohnen Leute, die für das Imperium arbeiten.

Auf Farmen in den Grasebenen könnten sich Rebellen verstecken.

Ezra Bridger

Das ist Ezra.
Er ist mutig und schlau.
Und er ist sehr witzig!

Ezra spielt gerne Streiche.
Er klaut den Soldaten
des Imperiums die Helme.

Ezras Kräfte

Ezra ist kein normaler Junge.
Er merkt schon vorher,
wenn etwas passiert.

Ezra spürt eine ganz
besondere Kraft: die Macht.

Er weiß noch nicht,
wie man die Macht nutzt.
Ezra braucht einen Lehrer.
Wer hilft ihm?

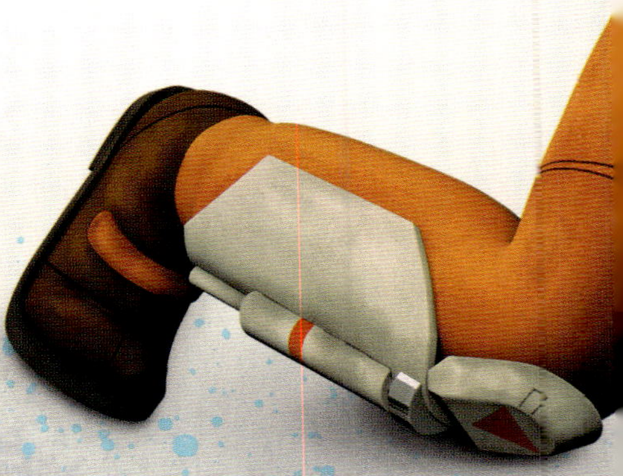

Was ist die Macht?

Die Macht ist eine Kraft.
Sie ist in allen Lebewesen.
Nur wenige können die Macht nutzen.
So wie Ezra!

Macht-Wissen
Es ist schwer,
die Macht zu nutzen.
Man muss es viele
Jahre lang lernen.

Macht-Wissen
Die Macht
macht sehr stark.
Mit ihr kann man Gutes,
aber auch Böses tun.

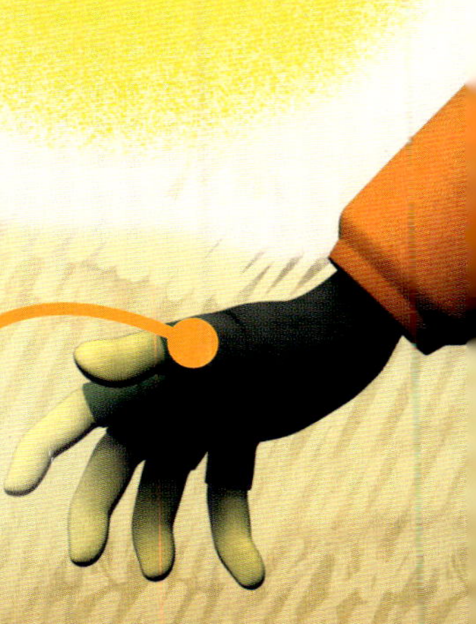

Ezra bewegt Dinge,
ohne sie zu berühren.

Die Macht zeigt Ezra, was bald passieren wird.

Macht-Wissen
Die friedlichen Jedi nutzen die Macht. Ezra will auch ein Jedi werden.

Ohne die Macht kann man ein Lichtschwert nicht richtig führen.

Kanan Jarrus

Kanan ist ein Jedi.
Die Jedi kämpfen für das Gute.
Sie beschützen die Galaxis
vor bösen Mächten.

Der Imperator mag
die Jedi nicht.
Kanan muss sich
vor ihm verstecken.

Garazeb „Zeb“ Orrelios

Zeb ist riesig
und stark wie ein Bär.
Er ist ein Lasat
vom Planeten Lasan.

Am liebsten kämpft er
gegen Sturmtruppler.
Das sind die Soldaten
des Imperators.

Schützt das Imperium!

Findet die Rebellen!

Kämpfe gegen die Rebellion!
Melde jeden Rebellen auf Lothal
sofort den Sturmtruppen.

Das Imperium
braucht dich!
Werde
Sturmtruppler!
Kämpfe für den Frieden auf Lothal.
Alle Rekruten erhalten Waffen und Uniformen.

Hera Syndulla

Hera ist eine Twi'lek
vom Planeten Ryloth.
Sie plant jeden Einsatz
der Rebellen.

Hera ist sehr klug.
Ihr Raumschiff
heißt „Ghost".
Hera ist eine tolle Pilotin!

Die *Ghost*

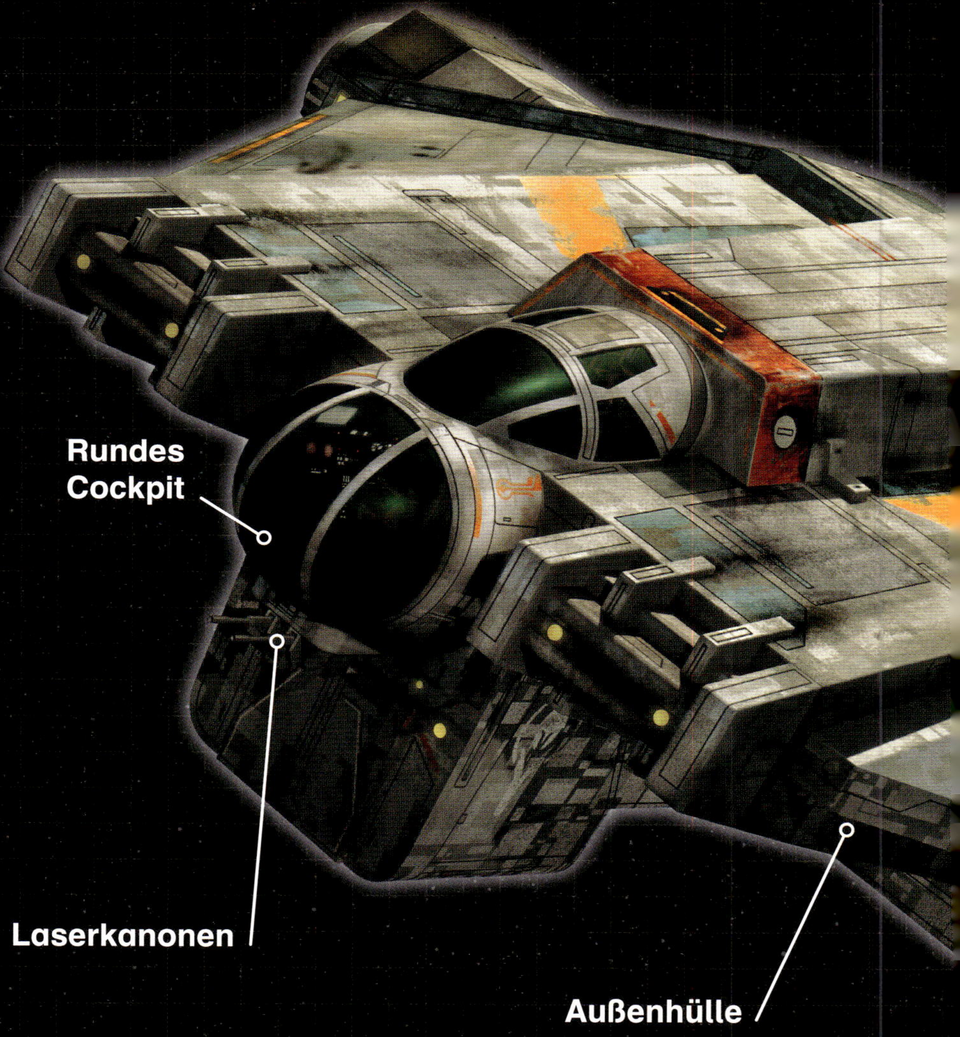

Die *Phantom*

Dieses kleine Schiff sitzt hinten an der *Ghost*. Die Rebellen flüchten damit, wenn sie in Not sind.

Sabine Wren

Sabine ist Malerin.
Sie stammt vom
Planeten Mandalore.

Auf ihren Kleidern
sind immer bunte Flecken.

Sabine kümmert sich
um die Ausrüstung.
Sie liebt Explosionen.

Ausrüstung der Rebellen

Ezras Schleuder

Ezra trägt eine Schleuder am Handgelenk. Damit schießt er Energie-Bälle ab.

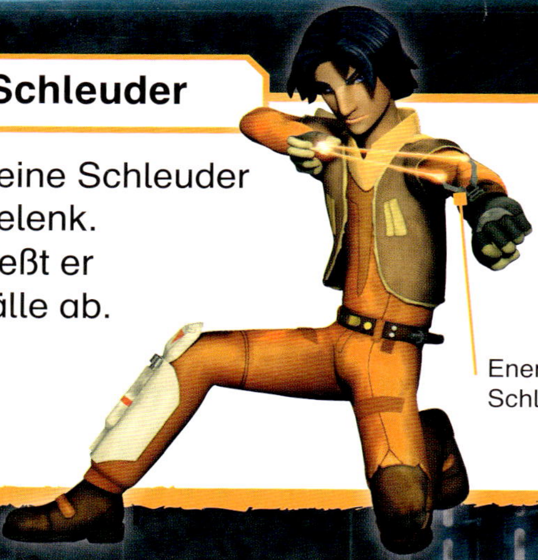

Sabines Blaster

Blaster schießen Energiestrahlen. Sabine findet: Mit zwei Blastern trifft man viel besser.

Kanans Lichtschwert

Ein Lichtschwert ist ein besonderer Teil der Ausrüstung eines Jedi. Es hat eine Klinge aus Energie.

Zebs Bo-Gewehr

Zeb schießt mit dem Bo-Gewehr Energie ab. Er benutzt es auch als Stab.

Heras Miniblaster

Hera hat einen winzigen Blaster. Sie verstaut ihn im Halfter an ihrem Stiefel.

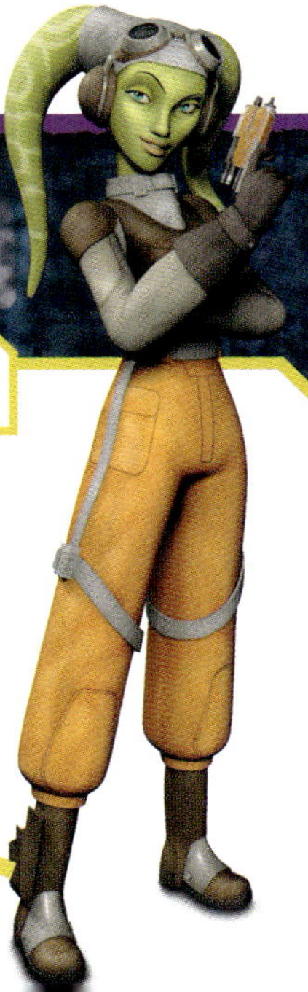

C1-10P „Chopper“

Chopper ist ein
Astromechdroide.
Er repariert das Raumschiff
der Rebellen.

Chopper spricht eine
geheime Roboter-Sprache.
Nur Hera und Sabine
verstehen ihn.

Chopper und Ezra

Chopper ist oft schlecht gelaunt.
Die Rebellen mögen ihn nicht
besonders.

Ezra spielt Chopper
gerne Streiche.
Und manchmal ärgert der
Droide Ezra!

Rebellen

Steck-
briefe

Ezra Bridger

Spezies: Mensch vom Planeten Lothal
Alter: 14 (fast 15!)
Talent: Spürt die Macht

Kanan Jarrus

Spezies: Mensch vom Planeten Coruscant
Alter: 28
Talente: Hat Jedi-Kräfte, ist ein guter Anführer

Hera Syndulla

Spezies: Twi'lek vom Planeten Ryloth
Alter: 24
Talente: Ist eine gute Pilotin und Schützin

Sabine Wren

Spezies: Mensch vom Planeten Mandalore
Alter: 16
Talente: Malen, ist Bomben-Expertin, kann alles reparieren

Garazeb „Zeb“ Orrelios

Spezies: Lasat vom Planeten Lasan
Alter: Unbekannt
Talente: Ist sehr stark

C1-10P „Chopper“

Art: Astromechdroide
Alter: Unbekannt (aber sehr alt!)
Talente: Repariert Raumschiffe, versteht Computer, spielt gerne Streiche

Aresko und Grint

Aresko und Grint
arbeiten für das Imperium.

Aresko ist dünn und blass.
Er findet sich sehr klug.
Aber er ist ziemlich dumm.

Grint ist groß und breit.
Er ist sehr gemein.

Agent Kallus

Agent Kallus arbeitet auch
für das Imperium.
Er jagt alle Gegner
des Imperators.

Kallus ist sehr klug
und gefährlich.
Passt auf, Rebellen!

Der Inquisitor

Dieser Schurke hat
ein Lichtschwert mit
zwei Klingen.

Der Inquisitor sucht
nach Jedi, die sich
auf Lothal verstecken.
Er arbeitet für Agent Kallus.

So kämpft Kanan

„Nutze die Macht! Sie hilft dir, deine Feinde zu besiegen.“

„Denke nach, bevor du kämpfst!“

„Übe jeden Tag mit dem Lichtschwert. Dann kannst du den Inquisitor besiegen.“

So kämpft Zeb

„Übe dich im Faustkampf! Erledige zwei Sturmtruppler mit einem Schlag!“

„Betäube mit deinem Bo-Gewehr auch sehr starke Gegner.“

„Nutze dein ganzes Gewicht. Werde so groß und stark wie ich!“

Das *Star Wars* *Rebels*-Quiz

1. Auf welchem Planeten leben die Rebellen?
2. Welches besondere Talent hat Ezra?
3. Wie heißt die Waffe der Jedi?
4. Wem gehört das Raumschiff „Ghost“?

5. Was hält Kanan geheim?

6. Von welchem Planeten kommt Sabine?

7. Gegen wen kämpft Zeb gern?

8. Welche Art von Roboter ist Chopper?

9. Für wen arbeitet Agent Kallus?

10. Welche Waffe hat der Inquisitor?

Antworten auf Seite 45

Begriffe

Droide
Eine Art Roboter. Es gibt ihn in allen Größen und Formen.

Farm
Bauernhof.

Galaxis
Eine Ansammlung von vielen Sternen und Planeten.

Halfter
Tasche, in der Waffen getragen werden.

Imperator
Herrscher über viele Welten.

Jedi
Die Jedi kämpfen für das Gute. Sie beschützen die Galaxis vor bösen Mächten.

Lichtschwert
Diese Waffe hat eine Klinge aus reiner Energie.

Macht
Eine geheimnisvolle Energie, die durch die Galaxis fließt.

Pilot
Jemand, der ein Raumschiff fliegt.

Spezies
Eine bestimmte Art von Lebewesen, zum Beispiel ein Mensch.

Sturmtruppler Soldat des Imperiums.

Talent
Besondere Fähigkeit, etwas, was man gut kann.

Antworten
1. Lothal, **2.** Er spürt die Macht, **3.** Lichtschwert, **4.** Hera, **5.** Er ist ein Jedi, **6.** Mandalore, **7.** Sturmtruppler, **8.** Astromechdroide, **9.** Das Imperium, **10.** Lichtschwert mit zwei Klingen.

Liebe Eltern,

Lesen macht Spaß! Denn es gibt so viele spannende Geschichten. Und Lesen ist sehr nützlich, denn viele Informationen erschließen wir uns lesend. Beides sollte Ihr Kind am Ende seines Leselern-Prozesses erfahren haben.

Mit den **SUPER**LESER!-Büchern für Erstleser möchten wir Ihrem Kind genau das vermitteln. Die Leseabenteuer in drei verschiedenen Lesestufen verbinden wunderbar spannende Geschichten mit vielen interessanten und nützlichen Sachinformationen in unterschiedlichen Textformen z. B. Berichte, Briefe, Bastelanleitungen, Rezepte oder Infotafeln.

Mit diesen Tipps und Informationen können Sie Ihr Kind dabei unterstützen, dass es begeistert und erfolgreich lesen lernt:

Haben Sie Geduld! Nicht jedes Kind ist eine geborene Leseratte und manche brauchen etwas länger, um sich mit dem Lesen anzufreunden. Lesen Sie Ihrem Kind auch weiterhin vor. Dabei bekommt es ein Gefühl für fließendes Lesen, ausdrucksstarke Sprache und richtige Betonung. Fragen Sie es immer wieder einmal, ob es Ihnen vorlesen möchte. Seien sie geduldig. Irgendwann wird die Neugier auf die Geschichten siegen.

Je mehr, desto besser! Mit jedem Text, den Ihr Kind liest – sei es ein Gedicht, eine Geschichte oder ein Sachtext –, werden sich seine Lesefähigkeit, sein Gefühl für Sprache und sein Verständnis schwieriger Wörter weiterentwickeln. Am besten liest es regelmäßig, aber nur so lange, wie es mag. Dabei reichen am Anfang zehn Minuten völlig aus.

Nicht zu schnell! Achten Sie darauf, dass Ihr Kind sich Zeit nimmt, jedes Wort in Ruhe auszusprechen und seine Bedeutung zu verstehen. Die Sachtexte sind für Ihr Kind etwas schwerer zu lesen als die erzählenden Passagen. Loben Sie Ihr Kind, wenn es sich ein schwieriges Wort erschlossen hat oder einen Satz noch einmal anders betont liest, nachdem es den Sinn verstanden hat.

Seien Sie ein guter Zuhörer! Wenn es bereit ist, lassen Sie Ihr Kind laut vorlesen und hören Sie ihm aufmerksam zu. Unterbrechen Sie es nur, wenn es wirklich nötig ist. Oder machen Sie zwischendurch, zum Beispiel vor Beginn eines neuen Kapitels, kleine Pausen, in denen Sie über das Gelesene sprechen. Auch die Quizfragen am Buchende bieten eine spielerische Möglichkeit, das Textverständnis zu überprüfen.

Geteilte Freude ist doppelte Freude! Laden Sie andere Zuhörer und Vorleser – Geschwister, Großeltern oder gute Freunde – ein: Lesen Sie mit verteilten Rollen oder veranstalten Sie einen Lesenachmittag. Nach der ersten Aufregung werden Stolz und Freude an den geteilten Geschichten überwiegen.

Seien Sie Vorbild! Wenn Sie selbst viel lesen, wird auch Ihr Kind dies als selbstverständliche und erfüllende Beschäftigung kennenlernen.

Spaß muss sein! Wählen Sie die Bücher und Texte nach den Interessen Ihres Kindes aus. Das erhöht die Lust aufs Lesen und sorgt für lang anhaltende Motivation.

Wir wünschen Ihnen und Ihrem Kind viel Freude beim gemeinsamen Lesen!